REFLEXIONES DIARIAS
PARA EL HÉROE INTERIOR

HERO

Título: Reflexiones Diarias
Subtítulo: Para el Héroe Interior
Descripción de la Edición: Diario Guiado a Todo Color, 90 Páginas
                             (Edición Portada Negra con Detalles Dorados)
© 2025 BEA HERO™

www.BEAHERO.world
BEA HERO™ es un movimiento, un sello editorial y una filosofía de vida dedicada a despertar al Héroe interior. A través de libros, mentoría y experiencias inmersivas, inspiramos a las personas a superar obstáculos, abrazar el crecimiento y vivir con valentía, propósito y contribución.
Este diario forma parte del libro *Sé un Héroe: Descifra Tu Grandeza* — diseñado para liberar propósito, amor, vitalidad y poder interior mediante la reflexión diaria.

ISBN: 978-1-969117-04-6 (Tapa blanda – Edición Blanco y Dorado)
ISBN: 978-1-969117-03-9 (Tapa blanda · Edición Negro y Dorado)
Diseño de portada e interior por Alessio Favaretto

HERO

Reflexiones

Fecha: ....

Nivel Emocional

_____ – Feliz – En paz – Relajado – Energético – Satisfecho – Decepcionado – Letárgico – Tenso – Preocupado – Infeliz –_____

Cosas por las que estar agradecido

Los momentos o recuerdos más felices de hoy

Logros, avances o lecciones de hoy

Personas por las que estoy agradecido(a)

La cita o la mejor lección de hoy

Metas para mañana

¿Por qué quiero lograrlo?

¿Cómo puedo lograrlo de la mejor manera?

Reflexiones

Nivel Emocional

_____ – Feliz – En paz – Relajado – Energético – Satisfecho – Decepcionado – Letárgico – Tenso – Preocupado – Infeliz – _____

Cosas por las que estar agradecido

Los momentos o recuerdos más felices de hoy

Logros, avances o lecciones de hoy

Personas por las que estoy agradecido(a)

La cita o la mejor lección de hoy

Metas para mañana

¿Por qué quiero lograrlo?

¿Cómo puedo lograrlo de la mejor manera?

Reflexiones

Fecha: ....

 L M X J V S D

Nivel Emocional

_____ – Feliz – En paz – Relajado – Energético – Satisfecho – Decepcionado – Letárgico – Tenso – Preocupado – Infeliz –_____

Cosas por las que estar agradecido

Los momentos o recuerdos más felices de hoy

Logros, avances o lecciones de hoy

Personas por las que estoy agradecido(a)

La cita o la mejor lección de hoy

Metas para mañana   **¿Por qué quiero lograrlo?**

¿Cómo puedo lograrlo de la mejor manera?

Reflexiones

Fecha: ....

Nivel Emocional

_____ – Feliz – En paz – Relajado – Energético – Satisfecho – Decepcionado – Letárgico – Tenso – Preocupado – Infeliz –_____

Cosas por las que estar agradecido

Los momentos o recuerdos más felices de hoy

Logros, avances o lecciones de hoy

Personas por las que estoy agradecido(a)

La cita o la mejor lección de hoy

Metas para mañana

¿Por qué quiero lograrlo?

¿Cómo puedo lograrlo de la mejor manera?

Reflexiones

Fecha: ....

 L M X J V S D

Nivel Emocional

_____ – Feliz – En paz – Relajado – Energético – Satisfecho – Decepcionado – Letárgico – Tenso – Preocupado – Infeliz –_____

Cosas por las que estar agradecido

Los momentos o recuerdos más felices de hoy

Logros, avances o lecciones de hoy

Personas por las que estoy agradecido(a)

La cita o la mejor lección de hoy

Metas para mañana

¿Por qué quiero lograrlo?

¿Cómo puedo lograrlo de la mejor manera?

Reflexiones

Fecha: ....

L   M   X   J   V   S   D

Nivel Emocional

_____ – Feliz – En paz – Relajado – Energético – Satisfecho – Decepcionado – Letárgico – Tenso – Preocupado – Infeliz –_____

Cosas por las que estar agradecido

Los momentos o recuerdos más felices de hoy

Logros, avances o lecciones de hoy

Personas por las que estoy agradecido(a)

La cita o la mejor lección de hoy

Metas para mañana

¿Por qué quiero lograrlo?

¿Cómo puedo lograrlo de la mejor manera?

Reflexiones

Fecha: ....

Nivel Emocional

– Feliz – En paz – Relajado – Energético – Satisfecho – Decepcionado – Letárgico – Tenso – Preocupado – Infeliz –

Cosas por las que estar agradecido

Los momentos o recuerdos más felices de hoy

Logros, avances o lecciones de hoy

Personas por las que estoy agradecido(a)

La cita o la mejor lección de hoy

Metas para mañana

¿Por qué quiero lograrlo?

¿Cómo puedo lograrlo de la mejor manera?

Reflexiones

Fecha: ....

L M X J V S D

Nivel Emocional

_____ – Feliz – En paz – Relajado – Energético – Satisfecho – Decepcionado – Letárgico – Tenso – Preocupado – Infeliz – _____

Cosas por las que estar agradecido	Los momentos o recuerdos más felices de hoy

Logros, avances o lecciones de hoy	Personas por las que estoy agradecido(a)

La cita o la mejor lección de hoy

Metas para mañana

¿Por qué quiero lograrlo?

¿Cómo puedo lograrlo de la mejor manera?

Reflexiones

Nivel Emocional

_____ – Feliz – En paz – Relajado – Energético – Satisfecho – Decepcionado – Letárgico – Tenso – Preocupado – Infeliz – _____

Cosas por las que estar agradecido

Los momentos o recuerdos más felices de hoy

Logros, avances o lecciones de hoy

Personas por las que estoy agradecido(a)

La cita o la mejor lección de hoy

Metas para mañana

¿Por qué quiero lograrlo?

¿Cómo puedo lograrlo de la mejor manera?

Reflexiones

Fecha: ....

L M X J V S D

Nivel Emocional

_____ – Feliz – En paz – Relajado – Energético – Satisfecho – Decepcionado – Letárgico – Tenso – Preocupado – Infeliz –_____

Cosas por las que estar agradecido	Los momentos o recuerdos más felices de hoy

Logros, avances o lecciones de hoy	Personas por las que estoy agradecido(a)

La cita o la mejor lección de hoy

Metas para mañana **¿Por qué quiero lograrlo?**

¿Cómo puedo lograrlo de la mejor manera?

Reflexiones

Nivel Emocional

_____ – Feliz – En paz – Relajado – Energético – Satisfecho – Decepcionado – Letárgico – Tenso – Preocupado – Infeliz –_____

Cosas por las que estar agradecido

Los momentos o recuerdos más felices de hoy

Logros, avances o lecciones de hoy

Personas por las que estoy agradecido(a)

La cita o la mejor lección de hoy

Metas para mañana

¿Por qué quiero lograrlo?

 →

 →

 →

¿Cómo puedo lograrlo de la mejor manera?

Reflexiones

Fecha: _____

L M X J V S D

Nivel Emocional

_____ – Feliz – En paz – Relajado – Energético – Satisfecho – Decepcionado – Letárgico – Tenso – Preocupado – Infeliz – _____

Cosas por las que estar agradecido

Los momentos o recuerdos más felices de hoy

Logros, avances o lecciones de hoy

Personas por las que estoy agradecido(a)

La cita o la mejor lección de hoy

 Metas para mañana

 ¿Por qué quiero lograrlo?

→

→

→

 ¿Cómo puedo lograrlo de la mejor manera?

Reflexiones

Nivel Emocional

_____ – Feliz – En paz – Relajado – Energético – Satisfecho – Decepcionado – Letárgico – Tenso – Preocupado – Infeliz –_____

Cosas por las que estar agradecido

Los momentos o recuerdos más felices de hoy

Logros, avances o lecciones de hoy

Personas por las que estoy agradecido(a)

La cita o la mejor lección de hoy

Metas para mañana

¿Por qué quiero lograrlo?

¿Cómo puedo lograrlo de la mejor manera?

Reflexiones

Fecha: ....

 L M X J V S D

Nivel Emocional

_____ – Feliz – En paz – Relajado – Energético – Satisfecho – Decepcionado – Letárgico – Tenso – Preocupado – Infeliz –_____

Cosas por las que estar agradecido

Los momentos o recuerdos más felices de hoy

Logros, avances o lecciones de hoy

Personas por las que estoy agradecido(a)

La cita o la mejor lección de hoy

Metas para mañana

¿Por qué quiero lograrlo?

¿Cómo puedo lograrlo de la mejor manera?

Reflexiones

Fecha: ....

Nivel Emocional

– Feliz – En paz – Relajado – Energético – Satisfecho – Decepcionado – Letárgico – Tenso – Preocupado – Infeliz –

Cosas por las que estar agradecido

Los momentos o recuerdos más felices de hoy

Logros, avances o lecciones de hoy

Personas por las que estoy agradecido(a)

La cita o la mejor lección de hoy

Metas para mañana

¿Por qué quiero lograrlo?

¿Cómo puedo lograrlo de la mejor manera?

Reflexiones

Fecha: ....

 L M X J V S D

Nivel Emocional

_____ – Felíz – En paz – Relajado – Energético – Satisfecho – Decepcionado – Letárgico – Tenso – Preocupado – Infeliz – _____

Cosas por las que estar agradecido

Los momentos o recuerdos más felices de hoy

Logros, avances o lecciones de hoy

Personas por las que estoy agradecido(a)

La cita o la mejor lección de hoy

Metas para mañana

¿Por qué quiero lograrlo?

¿Cómo puedo lograrlo de la mejor manera?

Reflexiones

Nivel Emocional

_____ – Feliz – En paz – Relajado – Energético – Satisfecho – Decepcionado – Letárgico – Tenso – Preocupado – Infeliz –_____

Cosas por las que estar agradecido

Los momentos o recuerdos más felices de hoy

Logros, avances o lecciones de hoy

Personas por las que estoy agradecido(a)

La cita o la mejor lección de hoy

Metas para mañana

¿Por qué quiero lograrlo?

¿Cómo puedo lograrlo de la mejor manera?

Reflexiones

Fecha: ....

Nivel Emocional

_____ – Feliz – En paz – Relajado – Energético – Satisfecho – Decepcionado – Letárgico – Tenso – Preocupado – Infeliz –_____

Cosas por las que estar agradecido

Los momentos o recuerdos más felices de hoy

Logros, avances o lecciones de hoy

Personas por las que estoy agradecido(a)

La cita o la mejor lección de hoy

Metas para mañana

¿Por qué quiero lograrlo?

¿Cómo puedo lograrlo de la mejor manera?

Reflexiones

Fecha: ....

L M X J V S D

Nivel Emocional

_____ – Feliz – En paz – Relajado – Energético – Satisfecho – Decepcionado – Letárgico – Tenso – Preocupado – Infeliz –_____

Cosas por las que estar agradecido

Los momentos o recuerdos más felices de hoy

Logros, avances o lecciones de hoy

Personas por las que estoy agradecido(a)

La cita o la mejor lección de hoy

Metas para mañana

¿Por qué quiero lograrlo?

¿Cómo puedo lograrlo de la mejor manera?

Reflexiones

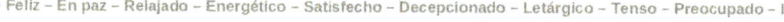Fecha: ....

 L M X J V S D

Nivel Emocional

_____ – Feliz – En paz – Relajado – Energético – Satisfecho – Decepcionado – Letárgico – Tenso – Preocupado – Infeliz –_____

Cosas por las que estar agradecido

Los momentos o recuerdos más felices de hoy

Logros, avances o lecciones de hoy

Personas por las que estoy agradecido(a)

La cita o la mejor lección de hoy

Metas para mañana

¿Por qué quiero lograrlo?

¿Cómo puedo lograrlo de la mejor manera?

Reflexiones

L M X J V S D

Nivel Emocional

_____ – Feliz – En paz – Relajado – Energético – Satisfecho – Decepcionado – Letárgico – Tenso – Preocupado – Infeliz –_____

Cosas por las que estar agradecido

Los momentos o recuerdos más felices de hoy

Logros, avances o lecciones de hoy

Personas por las que estoy agradecido(a)

La cita o la mejor lección de hoy

Metas para mañana

¿Por qué quiero lograrlo?

¿Cómo puedo lograrlo de la mejor manera?

Reflexiones

Fecha: ....

L M X J V S D

Nivel Emocional

_____ – Feliz – En paz – Relajado – Energético – Satisfecho – Decepcionado – Letárgico – Tenso – Preocupado – Infeliz –_____

Cosas por las que estar agradecido

Los momentos o recuerdos más felices de hoy

Logros, avances o lecciones de hoy

Personas por las que estoy agradecido(a)

La cita o la mejor lección de hoy

Metas para mañana

¿Por qué quiero lograrlo?

¿Cómo puedo lograrlo de la mejor manera?

Reflexiones

Fecha: ....

Nivel Emocional

_____ – Feliz – En paz – Relajado – Energético – Satisfecho – Decepcionado – Letárgico – Tenso – Preocupado – Infeliz –_____

Cosas por las que estar agradecido

Los momentos o recuerdos más felices de hoy

Logros, avances o lecciones de hoy

Personas por las que estoy agradecido(a)

La cita o la mejor lección de hoy

Metas para mañana

¿Por qué quiero lograrlo?

¿Cómo puedo lograrlo de la mejor manera?

Reflexiones

Fecha: ....

 L M X J V S D

Nivel Emocional

– Feliz – En paz – Relajado – Energético – Satisfecho – Decepcionado – Letárgico – Tenso – Preocupado – Infeliz –

Cosas por las que estar agradecido

Los momentos o recuerdos más felices de hoy

Logros, avances o lecciones de hoy

Personas por las que estoy agradecido(a)

La cita o la mejor lección de hoy

Metas para mañana

¿Por qué quiero lograrlo?

¿Cómo puedo lograrlo de la mejor manera?

Reflexiones

Nivel Emocional

_____ – Feliz – En paz – Relajado – Energético – Satisfecho – Decepcionado – Letárgico – Tenso – Preocupado – Infeliz –_____

Cosas por las que estar agradecido

Los momentos o recuerdos más felices de hoy

Logros, avances o lecciones de hoy

Personas por las que estoy agradecido(a)

La cita o la mejor lección de hoy

Metas para mañana

¿Por qué quiero lograrlo?

¿Cómo puedo lograrlo de la mejor manera?

Reflexiones

Nivel Emocional

_____ – Feliz – En paz – Relajado – Energético – Satisfecho – Decepcionado – Letárgico – Tenso – Preocupado – Infeliz –_____

Cosas por las que estar agradecido

Los momentos o recuerdos más felices de hoy

Logros, avances o lecciones de hoy

Personas por las que estoy agradecido(a)

La cita o la mejor lección de hoy

Metas para mañana

¿Por qué quiero lograrlo?

¿Cómo puedo lograrlo de la mejor manera?

Reflexiones

Fecha: ....

 L M X J V S D

Nivel Emocional

_____ – Feliz – En paz – Relajado – Energético – Satisfecho – Decepcionado – Letárgico – Tenso – Preocupado – Infeliz –_____

Cosas por las que estar agradecido

Los momentos o recuerdos más felices de hoy

Logros, avances o lecciones de hoy

Personas por las que estoy agradecido(a)

La cita o la mejor lección de hoy

Metas para mañana

¿Por qué quiero lograrlo?

¿Cómo puedo lograrlo de la mejor manera?

Reflexiones

Fecha: ....

L M X J V S D

Nivel Emocional

_____ – Feliz – En paz – Relajado – Energético – Satisfecho – Decepcionado – Letárgico – Tenso – Preocupado – Infeliz –_____

Cosas por las que estar agradecido

Los momentos o recuerdos más felices de hoy

Logros, avances o lecciones de hoy

Personas por las que estoy agradecido(a)

La cita o la mejor lección de hoy

Metas para mañana   ¿Por qué quiero lograrlo?

¿Cómo puedo lograrlo de la mejor manera?

Reflexiones

Nivel Emocional

_____ – Feliz – En paz – Relajado – Energético – Satisfecho – Decepcionado – Letárgico – Tenso – Preocupado – Infeliz –_____

Cosas por las que estar agradecido

Los momentos o recuerdos más felices de hoy

Logros, avances o lecciones de hoy

Personas por las que estoy agradecido(a)

La cita o la mejor lección de hoy

Metas para mañana

¿Por qué quiero lograrlo?

¿Cómo puedo lograrlo de la mejor manera?

Reflexiones

Fecha: ....

L M X J V S D

Nivel Emocional

– Feliz – En paz – Relajado – Energético – Satisfecho – Decepcionado – Letárgico – Tenso – Preocupado – Infeliz –

Cosas por las que estar agradecido

Los momentos o recuerdos más felices de hoy

Logros, avances o lecciones de hoy

Personas por las que estoy agradecido(a)

La cita o la mejor lección de hoy

Metas para mañana

¿Por qué quiero lograrlo?

¿Cómo puedo lograrlo de la mejor manera?

Reflexiones

Fecha: ....

L M X J V S D

Nivel Emocional

– Feliz – En paz – Relajado – Energético – Satisfecho – Decepcionado – Letárgico – Tenso – Preocupado – Infeliz –

Cosas por las que estar agradecido

Los momentos o recuerdos más felices de hoy

Logros, avances o lecciones de hoy

Personas por las que estoy agradecido(a)

La cita o la mejor lección de hoy

Metas para mañana

¿Por qué quiero lograrlo?

¿Cómo puedo lograrlo de la mejor manera?

Reflexiones

Fecha: ....

L M X J V S D

Nivel Emocional

_____ – Feliz – En paz – Relajado – Energético – Satisfecho – Decepcionado – Letárgico – Tenso – Preocupado – Infeliz –_____

Cosas por las que estar agradecido

Los momentos o recuerdos más felices de hoy

Logros, avances o lecciones de hoy

Personas por las que estoy agradecido(a)

La cita o la mejor lección de hoy

Metas para mañana

¿Por qué quiero lograrlo?

¿Cómo puedo lograrlo de la mejor manera?

Reflexiones

Nivel Emocional

– Feliz – En paz – Relajado – Energético – Satisfecho – Decepcionado – Letárgico – Tenso – Preocupado – Infeliz –

Cosas por las que estar agradecido

Los momentos o recuerdos más felices de hoy

Logros, avances o lecciones de hoy

Personas por las que estoy agradecido(a)

La cita o la mejor lección de hoy

Metas para mañana

¿Por qué quiero lograrlo?

¿Cómo puedo lograrlo de la mejor manera?

Reflexiones

HERO

Nivel Emocional

_____ – Feliz – En paz – Relajado – Energético – Satisfecho – Decepcionado – Letárgico – Tenso – Preocupado – Infeliz –_____

Cosas por las que estar agradecido

Los momentos o recuerdos más felices de hoy

Logros, avances o lecciones de hoy

Personas por las que estoy agradecido(a)

La cita o la mejor lección de hoy

Metas para mañana

¿Por qué quiero lograrlo?

¿Cómo puedo lograrlo de la mejor manera?

Reflexiones

Fecha: ....

L M X J V S D

Nivel Emocional

_____ – Feliz – En paz – Relajado – Energético – Satisfecho – Decepcionado – Letárgico – Tenso – Preocupado – Infeliz –_____

Cosas por las que estar agradecido

Los momentos o recuerdos más felices de hoy

Logros, avances o lecciones de hoy

Personas por las que estoy agradecido(a)

La cita o la mejor lección de hoy

Metas para mañana

¿Por qué quiero lograrlo?

¿Cómo puedo lograrlo de la mejor manera?

Reflexiones

Nivel Emocional

_____ – Feliz – En paz – Relajado – Energético – Satisfecho – Decepcionado – Letárgico – Tenso – Preocupado – Infeliz –_____

Cosas por las que estar agradecido	Los momentos o recuerdos más felices de hoy

Logros, avances o lecciones de hoy	Personas por las que estoy agradecido(a)

La cita o la mejor lección de hoy

Metas para mañana	¿Por qué quiero lograrlo?

¿Cómo puedo lograrlo de la mejor manera?

Reflexiones

Fecha: _____

Nivel Emocional

_____ – Feliz – En paz – Relajado – Energético – Satisfecho – Decepcionado – Letárgico – Tenso – Preocupado – Infeliz –_____

Cosas por las que estar agradecido

Los momentos o recuerdos más felices de hoy

Logros, avances o lecciones de hoy

Personas por las que estoy agradecido(a)

La cita o la mejor lección de hoy

Metas para mañana

¿Por qué quiero lograrlo?

¿Cómo puedo lograrlo de la mejor manera?

Reflexiones

Fecha: ....

L M X J V S D

Nivel Emocional

_____ – Feliz – En paz – Relajado – Energético – Satisfecho – Decepcionado – Letárgico – Tenso – Preocupado – Infeliz –_____

Cosas por las que estar agradecido

Los momentos o recuerdos más felices de hoy

Logros, avances o lecciones de hoy

Personas por las que estoy agradecido(a)

La cita o la mejor lección de hoy

Metas para mañana

¿Por qué quiero lograrlo?

¿Cómo puedo lograrlo de la mejor manera?

Reflexiones

Fecha: ....

Nivel Emocional

_____ – Feliz – En paz – Relajado – Energético – Satisfecho – Decepcionado – Letárgico – Tenso – Preocupado – Infeliz –_____

Cosas por las que estar agradecido

Los momentos o recuerdos más felices de hoy

Logros, avances o lecciones de hoy

Personas por las que estoy agradecido(a)

La cita o la mejor lección de hoy

Metas para mañana

¿Por qué quiero lograrlo?

¿Cómo puedo lograrlo de la mejor manera?

Reflexiones

Fecha: ....

L M X J V S D

Nivel Emocional

_____ – Feliz – En paz – Relajado – Energético – Satisfecho – Decepcionado – Letárgico – Tenso – Preocupado – Infeliz – _____

Cosas por las que estar agradecido

Los momentos o recuerdos más felices de hoy

Logros, avances o lecciones de hoy

Personas por las que estoy agradecido(a)

La cita o la mejor lección de hoy

Metas para mañana

¿Por qué quiero lograrlo?

→

→

→

¿Cómo puedo lograrlo de la mejor manera?

Reflexiones

Nivel Emocional

_____ – Feliz – En paz – Relajado – Energético – Satisfecho – Decepcionado – Letárgico – Tenso – Preocupado – Infeliz –_____

Cosas por las que estar agradecido

Los momentos o recuerdos más felices de hoy

Logros, avances o lecciones de hoy

Personas por las que estoy agradecido(a)

La cita o la mejor lección de hoy

Metas para mañana

¿Por qué quiero lograrlo?

¿Cómo puedo lograrlo de la mejor manera?

Reflexiones

Fecha: ....

Nivel Emocional

_____ – Feliz – En paz – Relajado – Energético – Satisfecho – Decepcionado – Letárgico – Tenso – Preocupado – Infeliz –_____

Cosas por las que estar agradecido	Los momentos o recuerdos más felices de hoy

Logros, avances o lecciones de hoy	Personas por las que estoy agradecido(a)

La cita o la mejor lección de hoy

Metas para mañana   **¿Por qué quiero lograrlo?**

¿Cómo puedo lograrlo de la mejor manera?

Reflexiones

Fecha: ....

Nivel Emocional

– Feliz – En paz – Relajado – Energético – Satisfecho – Decepcionado – Letárgico – Tenso – Preocupado – Infeliz –

Cosas por las que estar agradecido

Los momentos o recuerdos más felices de hoy

Logros, avances o lecciones de hoy

Personas por las que estoy agradecido(a)

La cita o la mejor lección de hoy

Metas para mañana

¿Por qué quiero lograrlo?

¿Cómo puedo lograrlo de la mejor manera?

Reflexiones

Fecha: ....

(L) (M) (X) (J) (V) (S) (D)

Nivel Emocional

_____ – Feliz – En paz – Relajado – Energético – Satisfecho – Decepcionado – Letárgico – Tenso – Preocupado – Infeliz –_____

Cosas por las que estar agradecido

Los momentos o recuerdos más felices de hoy

Logros, avances o lecciones de hoy

Personas por las que estoy agradecido(a)

La cita o la mejor lección de hoy

Metas para mañana

¿Por qué quiero lograrlo?

¿Cómo puedo lograrlo de la mejor manera?

HERO

Reflexiones

Fecha: ....

 L M X J V S D

Nivel Emocional

_____ – Feliz – En paz – Relajado – Energético – Satisfecho – Decepcionado – Letárgico – Tenso – Preocupado – Infeliz –_____

Cosas por las que estar agradecido

Los momentos o recuerdos más felices de hoy

Logros, avances o lecciones de hoy

Personas por las que estoy agradecido(a)

La cita o la mejor lección de hoy

Metas para mañana

¿Por qué quiero lograrlo?

¿Cómo puedo lograrlo de la mejor manera?

Reflexiones

Fecha: ....

Nivel Emocional

– Feliz – En paz – Relajado – Energético – Satisfecho – Decepcionado – Letárgico – Tenso – Preocupado – Infeliz –

Cosas por las que estar agradecido

Los momentos o recuerdos más felices de hoy

Logros, avances o lecciones de hoy

Personas por las que estoy agradecido(a)

La cita o la mejor lección de hoy

Metas para mañana

¿Por qué quiero lograrlo?

¿Cómo puedo lograrlo de la mejor manera?

Reflexiones

....

Nivel Emocional

_____ – Feliz – En paz – Relajado – Energético – Satisfecho – Decepcionado – Letárgico – Tenso – Preocupado – Infeliz –_____

Cosas por las que estar agradecido

Los momentos o recuerdos más felices de hoy

Logros, avances o lecciones de hoy

Personas por las que estoy agradecido(a)

La cita o la mejor lección de hoy

Metas para mañana

¿Por qué quiero lograrlo?

¿Cómo puedo lograrlo de la mejor manera?

Reflexiones

Fecha: ....

L M X J V S D

Nivel Emocional

_____ – Feliz – En paz – Relajado – Energético – Satisfecho – Decepcionado – Letárgico – Tenso – Preocupado – Infeliz –_____

Cosas por las que estar agradecido

Los momentos o recuerdos más felices de hoy

Logros, avances o lecciones de hoy

Personas por las que estoy agradecido(a)

La cita o la mejor lección de hoy

Metas para mañana

¿Por qué quiero lograrlo?

¿Cómo puedo lograrlo de la mejor manera?

Reflexiones

Fecha: ....

L M X J V S D

Nivel Emocional

_____ – Feliz – En paz – Relajado – Energético – Satisfecho – Decepcionado – Letárgico – Tenso – Preocupado – Infeliz –_____

Cosas por las que estar agradecido

Los momentos o recuerdos más felices de hoy

Logros, avances o lecciones de hoy

Personas por las que estoy agradecido(a)

La cita o la mejor lección de hoy

Metas para mañana

¿Por qué quiero lograrlo?

¿Cómo puedo lograrlo de la mejor manera?

Reflexiones

Nivel Emocional

_____ – Feliz – En paz – Relajado – Energético – Satisfecho – Decepcionado – Letárgico – Tenso – Preocupado – Infeliz –_____

Cosas por las que estar agradecido	Los momentos o recuerdos más felices de hoy

Logros, avances o lecciones de hoy	Personas por las que estoy agradecido(a)

La cita o la mejor lección de hoy

Metas para mañana   ¿Por qué quiero lograrlo?

¿Cómo puedo lograrlo de la mejor manera?

Reflexiones

Fecha: ....

Nivel Emocional

_____ – Feliz – En paz – Relajado – Energético – Satisfecho – Decepcionado – Letárgico – Tenso – Preocupado – Infeliz –_____

Cosas por las que estar agradecido

Los momentos o recuerdos más felices de hoy

Logros, avances o lecciones de hoy

Personas por las que estoy agradecido(a)

La cita o la mejor lección de hoy

Metas para mañana

¿Por qué quiero lograrlo?

¿Cómo puedo lograrlo de la mejor manera?

Reflexiones

Fecha: ....

 L M X J V S D

Nivel Emocional

_____ – Feliz – En paz – Relajado – Energético – Satisfecho – Decepcionado – Letárgico – Tenso – Preocupado – Infeliz –_____

Cosas por las que estar agradecido

Los momentos o recuerdos más felices de hoy

Logros, avances o lecciones de hoy

Personas por las que estoy agradecido(a)

La cita o la mejor lección de hoy

Metas para mañana

¿Por qué quiero lograrlo?

¿Cómo puedo lograrlo de la mejor manera?

Reflexiones

Fecha: ....

 L M X J V S D

Nivel Emocional

_____ – Feliz – En paz – Relajado – Energético – Satisfecho – Decepcionado – Letárgico – Tenso – Preocupado – Infeliz –_____

Cosas por las que estar agradecido

Los momentos o recuerdos más felices de hoy

Logros, avances o lecciones de hoy

Personas por las que estoy agradecido(a)

La cita o la mejor lección de hoy

Metas para mañana

¿Por qué quiero lograrlo?

¿Cómo puedo lograrlo de la mejor manera?

Reflexiones

Fecha: ....

Nivel Emocional

_____ – Feliz – En paz – Relajado – Energético – Satisfecho – Decepcionado – Letárgico – Tenso – Preocupado – Infeliz –_____

Cosas por las que estar agradecido

Los momentos o recuerdos más felices de hoy

Logros, avances o lecciones de hoy

Personas por las que estoy agradecido(a)

La cita o la mejor lección de hoy

Metas para mañana

¿Por qué quiero lograrlo?

¿Cómo puedo lograrlo de la mejor manera?

Reflexiones

Fecha: ....

Nivel Emocional

_____ – Feliz – En paz – Relajado – Energético – Satisfecho – Decepcionado – Letárgico – Tenso – Preocupado – Infeliz –_____

Cosas por las que estar agradecido

Los momentos o recuerdos más felices de hoy

Logros, avances o lecciones de hoy

Personas por las que estoy agradecido(a)

La cita o la mejor lección de hoy

Metas para mañana

¿Por qué quiero lograrlo?

¿Cómo puedo lograrlo de la mejor manera?

Reflexiones

Fecha: ....

L M X J V S D

Nivel Emocional

_____ – Feliz – En paz – Relajado – Energético – Satisfecho – Decepcionado – Letárgico – Tenso – Preocupado – Infeliz –_____

Cosas por las que estar agradecido

Los momentos o recuerdos más felices de hoy

Logros, avances o lecciones de hoy

Personas por las que estoy agradecido(a)

La cita o la mejor lección de hoy

Metas para mañana

¿Por qué quiero lograrlo?

¿Cómo puedo lograrlo de la mejor manera?

Reflexiones

Fecha: ....

Nivel Emocional

_____ – Feliz – En paz – Relajado – Energético – Satisfecho – Decepcionado – Letárgico – Tenso – Preocupado – Infeliz –_____

Cosas por las que estar agradecido

Los momentos o recuerdos más felices de hoy

Logros, avances o lecciones de hoy

Personas por las que estoy agradecido(a)

La cita o la mejor lección de hoy

Metas para mañana

¿Por qué quiero lograrlo?

¿Cómo puedo lograrlo de la mejor manera?

Reflexiones

L M X J V S D

Nivel Emocional

_____ – Feliz – En paz – Relajado – Energético – Satisfecho – Decepcionado – Letárgico – Tenso – Preocupado – Infeliz –_____

Cosas por las que estar agradecido

Los momentos o recuerdos más felices de hoy

Logros, avances o lecciones de hoy

Personas por las que estoy agradecido(a)

La cita o la mejor lección de hoy

Metas para mañana

¿Por qué quiero lograrlo?

¿Cómo puedo lograrlo de la mejor manera?

Reflexiones

Fecha: ....

Nivel Emocional

_____ – Feliz – En paz – Relajado – Energético – Satisfecho – Decepcionado – Letárgico – Tenso – Preocupado – Infeliz –_____

Cosas por las que estar agradecido

Los momentos o recuerdos más felices de hoy

Logros, avances o lecciones de hoy

Personas por las que estoy agradecido(a)

La cita o la mejor lección de hoy

Metas para mañana

¿Por qué quiero lograrlo?

¿Cómo puedo lograrlo de la mejor manera?

Reflexiones

Nivel Emocional

– Feliz – En paz – Relajado – Energético – Satisfecho – Decepcionado – Letárgico – Tenso – Preocupado – Infeliz –

Cosas por las que estar agradecido

Los momentos o recuerdos más felices de hoy

Logros, avances o lecciones de hoy

Personas por las que estoy agradecido(a)

La cita o la mejor lección de hoy

Metas para mañana

¿Por qué quiero lograrlo?

¿Cómo puedo lograrlo de la mejor manera?

Reflexiones

Fecha: ....

L M X J V S D

Nivel Emocional

_____ – Feliz – En paz – Relajado – Energético – Satisfecho – Decepcionado – Letárgico – Tenso – Preocupado – Infeliz –_____

Cosas por las que estar agradecido

Los momentos o recuerdos más felices de hoy

Logros, avances o lecciones de hoy

Personas por las que estoy agradecido(a)

La cita o la mejor lección de hoy

Metas para mañana

¿Por qué quiero lograrlo?

¿Cómo puedo lograrlo de la mejor manera?

Reflexiones

Fecha: ....

 L M X J V S D

Nivel Emocional

_____ – Feliz – En paz – Relajado – Energético – Satisfecho – Decepcionado – Letárgico – Tenso – Preocupado – Infeliz – _____

Cosas por las que estar agradecido

Los momentos o recuerdos más felices de hoy

Logros, avances o lecciones de hoy

Personas por las que estoy agradecido(a)

La cita o la mejor lección de hoy

Metas para mañana

¿Por qué quiero lograrlo?

¿Cómo puedo lograrlo de la mejor manera?

Reflexiones

Fecha: ....

 L M X J V S D

Nivel Emocional

_____ – Feliz – En paz – Relajado – Energético – Satisfecho – Decepcionado – Letárgico – Tenso – Preocupado – Infeliz –_____

Cosas por las que estar agradecido

Los momentos o recuerdos más felices de hoy

Logros, avances o lecciones de hoy

Personas por las que estoy agradecido(a)

La cita o la mejor lección de hoy

Metas para mañana

¿Por qué quiero lograrlo?

¿Cómo puedo lograrlo de la mejor manera?

Reflexiones

Nivel Emocional

_____ – Feliz – En paz – Relajado – Energético – Satisfecho – Decepcionado – Letárgico – Tenso – Preocupado – Infeliz – _____

Cosas por las que estar agradecido

Los momentos o recuerdos más felices de hoy

Logros, avances o lecciones de hoy

Personas por las que estoy agradecido(a)

La cita o la mejor lección de hoy

Metas para mañana

¿Por qué quiero lograrlo?

 →

 →

 →

¿Cómo puedo lograrlo de la mejor manera?

Reflexiones

Fecha: ....

 L M X J V S D

Nivel Emocional

_____ – Feliz – En paz – Relajado – Energético – Satisfecho – Decepcionado – Letárgico – Tenso – Preocupado – Infeliz –_____

Cosas por las que estar agradecido

Los momentos o recuerdos más felices de hoy

Logros, avances o lecciones de hoy

Personas por las que estoy agradecido(a)

La cita o la mejor lección de hoy

Metas para mañana

¿Por qué quiero lograrlo?

¿Cómo puedo lograrlo de la mejor manera?

Reflexiones

L M X J V S D

Nivel Emocional

_____ – Feliz – En paz – Relajado – Energético – Satisfecho – Decepcionado – Letárgico – Tenso – Preocupado – Infeliz –_____

Cosas por las que estar agradecido

Los momentos o recuerdos más felices de hoy

Logros, avances o lecciones de hoy

Personas por las que estoy agradecido(a)

La cita o la mejor lección de hoy

Metas para mañana

¿Por qué quiero lograrlo?

¿Cómo puedo lograrlo de la mejor manera?

Reflexiones

Fecha: ....

Nivel Emocional

_____ – Feliz – En paz – Relajado – Energético – Satisfecho – Decepcionado – Letárgico – Tenso – Preocupado – Infeliz –_____

Cosas por las que estar agradecido

Los momentos o recuerdos más felices de hoy

Logros, avances o lecciones de hoy

Personas por las que estoy agradecido(a)

La cita o la mejor lección de hoy

Metas para mañana

¿Por qué quiero lograrlo?

¿Cómo puedo lograrlo de la mejor manera?

Reflexiones

Fecha: ....

 L M X J V S D

Nivel Emocional

.... – Feliz – En paz – Relajado – Energético – Satisfecho – Decepcionado – Letárgico – Tenso – Preocupado – Infeliz –.........

Cosas por las que estar agradecido

Los momentos o recuerdos más felices de hoy

Logros, avances o lecciones de hoy

Personas por las que estoy agradecido(a)

La cita o la mejor lección de hoy

Metas para mañana

¿Por qué quiero lograrlo?

¿Cómo puedo lograrlo de la mejor manera?

Reflexiones

Fecha: ....

Nivel Emocional

_____ – Feliz – En paz – Relajado – Energético – Satisfecho – Decepcionado – Letárgico – Tenso – Preocupado – Infeliz –_____

Cosas por las que estar agradecido

Los momentos o recuerdos más felices de hoy

Logros, avances o lecciones de hoy

Personas por las que estoy agradecido(a)

La cita o la mejor lección de hoy

Metas para mañana

¿Por qué quiero lograrlo?

¿Cómo puedo lograrlo de la mejor manera?

HERO

Reflexiones

Fecha: ....

 L M X J V S D

Nivel Emocional

_____ – Feliz – En paz – Relajado – Energético – Satisfecho – Decepcionado – Letárgico – Tenso – Preocupado – Infeliz – _____

Cosas por las que estar agradecido

Los momentos o recuerdos más felices de hoy

Logros, avances o lecciones de hoy

Personas por las que estoy agradecido(a)

La cita o la mejor lección de hoy

Metas para mañana

¿Por qué quiero lograrlo?

¿Cómo puedo lograrlo de la mejor manera?

Reflexiones

Fecha: ....

L M X J V S D

Nivel Emocional

_____ – Feliz – En paz – Relajado – Energético – Satisfecho – Decepcionado – Letárgico – Tenso – Preocupado – Infeliz –_____

Cosas por las que estar agradecido

Los momentos o recuerdos más felices de hoy

Logros, avances o lecciones de hoy

Personas por las que estoy agradecido(a)

La cita o la mejor lección de hoy

Metas para mañana

¿Por qué quiero lograrlo?

¿Cómo puedo lograrlo de la mejor manera?

Reflexiones

Fecha: ....

Nivel Emocional

– Feliz – En paz – Relajado – Energético – Satisfecho – Decepcionado – Letárgico – Tenso – Preocupado – Infeliz –

Cosas por las que estar agradecido	Los momentos o recuerdos más felices de hoy

Logros, avances o lecciones de hoy	Personas por las que estoy agradecido(a)

La cita o la mejor lección de hoy

Metas para mañana   ¿Por qué quiero lograrlo?

¿Cómo puedo lograrlo de la mejor manera?

Reflexiones

Nivel Emocional

_____ – Feliz – En paz – Relajado – Energético – Satisfecho – Decepcionado – Letárgico – Tenso – Preocupado – Infeliz –_____

Cosas por las que estar agradecido

Los momentos o recuerdos más felices de hoy

Logros, avances o lecciones de hoy

Personas por las que estoy agradecido(a)

La cita o la mejor lección de hoy

Metas para mañana

¿Por qué quiero lograrlo?

¿Cómo puedo lograrlo de la mejor manera?

Reflexiones

Fecha: ....

 L M X J V S D

Nivel Emocional

_____ – Feliz – En paz – Relajado – Energético – Satisfecho – Decepcionado – Letárgico – Tenso – Preocupado – Infeliz – _____

Cosas por las que estar agradecido

Los momentos o recuerdos más felices de hoy

Logros, avances o lecciones de hoy

Personas por las que estoy agradecido(a)

La cita o la mejor lección de hoy

Metas para mañana

¿Por qué quiero lograrlo?

¿Cómo puedo lograrlo de la mejor manera?

Reflexiones

Fecha: ....

Nivel Emocional

_____ – Feliz – En paz – Relajado – Energético – Satisfecho – Decepcionado – Letárgico – Tenso – Preocupado – Infeliz –_____

Cosas por las que estar agradecido

Los momentos o recuerdos más felices de hoy

Logros, avances o lecciones de hoy

Personas por las que estoy agradecido(a)

La cita o la mejor lección de hoy

Metas para mañana

¿Por qué quiero lograrlo?

¿Cómo puedo lograrlo de la mejor manera?

Reflexiones

Nivel Emocional

_____ – Feliz – En paz – Relajado – Energético – Satisfecho – Decepcionado – Letárgico – Tenso – Preocupado – Infeliz –_____

Cosas por las que estar agradecido	Los momentos o recuerdos más felices de hoy

Logros, avances o lecciones de hoy	Personas por las que estoy agradecido(a)

La cita o la mejor lección de hoy

Metas para mañana   ¿Por qué quiero lograrlo?

¿Cómo puedo lograrlo de la mejor manera?

Reflexiones

Fecha: ....

Nivel Emocional

_____ – Feliz – En paz – Relajado – Energético – Satisfecho – Decepcionado – Letárgico – Tenso – Preocupado – Infeliz –_____

Cosas por las que estar agradecido

Los momentos o recuerdos más felices de hoy

Logros, avances o lecciones de hoy

Personas por las que estoy agradecido(a)

La cita o la mejor lección de hoy

Metas para mañana

¿Por qué quiero lograrlo?

¿Cómo puedo lograrlo de la mejor manera?

Reflexiones

Nivel Emocional

– Feliz – En paz – Relajado – Energético – Satisfecho – Decepcionado – Letárgico – Tenso – Preocupado – Infeliz –

Cosas por las que estar agradecido

Los momentos o recuerdos más felices de hoy

Logros, avances o lecciones de hoy

Personas por las que estoy agradecido(a)

La cita o la mejor lección de hoy

Metas para mañana

¿Por qué quiero lograrlo?

¿Cómo puedo lograrlo de la mejor manera?

Reflexiones

Fecha: ....

L M X J V S D

Nivel Emocional

– Feliz – En paz – Relajado – Energético – Satisfecho – Decepcionado – Letárgico – Tenso – Preocupado – Infeliz –_____

Cosas por las que estar agradecido

Los momentos o recuerdos más felices de hoy

Logros, avances o lecciones de hoy

Personas por las que estoy agradecido(a)

La cita o la mejor lección de hoy

Metas para mañana

¿Por qué quiero lograrlo?

¿Cómo puedo lograrlo de la mejor manera?

Reflexiones

Fecha: ....

L M X J V S D

Nivel Emocional

_____ – Feliz – En paz – Relajado – Energético – Satisfecho – Decepcionado – Letárgico – Tenso – Preocupado – Infeliz –_____

Cosas por las que estar agradecido	Los momentos o recuerdos más felices de hoy

Logros, avances o lecciones de hoy	Personas por las que estoy agradecido(a)

La cita o la mejor lección de hoy

Metas para mañana   ¿Por qué quiero lograrlo?

¿Cómo puedo lograrlo de la mejor manera?

Reflexiones

Fecha: ....

Nivel Emocional

_____ – Feliz – En paz – Relajado – Energético – Satisfecho – Decepcionado – Letárgico – Tenso – Preocupado – Infeliz –_____

Cosas por las que estar agradecido

Los momentos o recuerdos más felices de hoy

Logros, avances o lecciones de hoy

Personas por las que estoy agradecido(a)

La cita o la mejor lección de hoy

Metas para mañana

¿Por qué quiero lograrlo?

¿Cómo puedo lograrlo de la mejor manera?

Reflexiones

Fecha: ....

L M X J V S D

Nivel Emocional

– Feliz – En paz – Relajado – Energético – Satisfecho – Decepcionado – Letárgico – Tenso – Preocupado – Infeliz –

Cosas por las que estar agradecido

Los momentos o recuerdos más felices de hoy

Logros, avances o lecciones de hoy

Personas por las que estoy agradecido(a)

La cita o la mejor lección de hoy

Metas para mañana

¿Por qué quiero lograrlo?

¿Cómo puedo lograrlo de la mejor manera?

Reflexiones

Fecha: ....

Nivel Emocional

_____ – Feliz – En paz – Relajado – Energético – Satisfecho – Decepcionado – Letárgico – Tenso – Preocupado – Infeliz –_____

Cosas por las que estar agradecido

Los momentos o recuerdos más felices de hoy

Logros, avances o lecciones de hoy

Personas por las que estoy agradecido(a)

La cita o la mejor lección de hoy

Metas para mañana

¿Por qué quiero lograrlo?

¿Cómo puedo lograrlo de la mejor manera?

Reflexiones

Nivel Emocional

_____ – Feliz – En paz – Relajado – Energético – Satisfecho – Decepcionado – Letárgico – Tenso – Preocupado – Infeliz – _____

Cosas por las que estar agradecido

Los momentos o recuerdos más felices de hoy

Logros, avances o lecciones de hoy

Personas por las que estoy agradecido(a)

La cita o la mejor lección de hoy

Metas para mañana

¿Por qué quiero lograrlo?

¿Cómo puedo lograrlo de la mejor manera?

Reflexiones

Fecha: ....

Nivel Emocional

_____ – Feliz – En paz – Relajado – Energético – Satisfecho – Decepcionado – Letárgico – Tenso – Preocupado – Infeliz –_____

Cosas por las que estar agradecido

Los momentos o recuerdos más felices de hoy

Logros, avances o lecciones de hoy

Personas por las que estoy agradecido(a)

La cita o la mejor lección de hoy

Metas para mañana   ¿Por qué quiero lograrlo?

¿Cómo puedo lograrlo de la mejor manera?

Reflexiones

Fecha: ....

 L M X J V S D

Nivel Emocional

– Feliz – En paz – Relajado – Energético – Satisfecho – Decepcionado – Letárgico – Tenso – Preocupado – Infeliz –

Cosas por las que estar agradecido

Los momentos o recuerdos más felices de hoy

Logros, avances o lecciones de hoy

Personas por las que estoy agradecido(a)

La cita o la mejor lección de hoy

Metas para mañana

¿Por qué quiero lograrlo?

¿Cómo puedo lograrlo de la mejor manera?

Reflexiones

Fecha: ....

Nivel Emocional

_____ – Feliz – En paz – Relajado – Energético – Satisfecho – Decepcionado – Letárgico – Tenso – Preocupado – Infeliz –_____

Cosas por las que estar agradecido

Los momentos o recuerdos más felices de hoy

Logros, avances o lecciones de hoy

Personas por las que estoy agradecido(a)

La cita o la mejor lección de hoy

Metas para mañana

¿Por qué quiero lograrlo?

¿Cómo puedo lograrlo de la mejor manera?

Reflexiones

Fecha: ....

Nivel Emocional

_____ – Feliz – En paz – Relajado – Energético – Satisfecho – Decepcionado – Letárgico – Tenso – Preocupado – Infeliz –_____

Cosas por las que estar agradecido	Los momentos o recuerdos más felices de hoy

Logros, avances o lecciones de hoy	Personas por las que estoy agradecido(a)

La cita o la mejor lección de hoy

Metas para mañana   **¿Por qué quiero lograrlo?**

¿Cómo puedo lograrlo de la mejor manera?

Reflexiones

Nivel Emocional

_____ – Feliz – En paz – Relajado – Energético – Satisfecho – Decepcionado – Letárgico – Tenso – Preocupado – Infeliz –_____

Cosas por las que estar agradecido

Los momentos o recuerdos más felices de hoy

Logros, avances o lecciones de hoy

Personas por las que estoy agradecido(a)

La cita o la mejor lección de hoy

Metas para mañana

¿Por qué quiero lograrlo?

¿Cómo puedo lograrlo de la mejor manera?

Reflexiones

Fecha: ....

L M X J V S D

Nivel Emocional

– Feliz – En paz – Relajado – Energético – Satisfecho – Decepcionado – Letárgico – Tenso – Preocupado – Infeliz –

Cosas por las que estar agradecido

Los momentos o recuerdos más felices de hoy

Logros, avances o lecciones de hoy

Personas por las que estoy agradecido(a)

La cita o la mejor lección de hoy

Metas para mañana

¿Por qué quiero lograrlo?

¿Cómo puedo lograrlo de la mejor manera?

Reflexiones

Fecha: ....

Nivel Emocional

_____ – Feliz – En paz – Relajado – Energético – Satisfecho – Decepcionado – Letárgico – Tenso – Preocupado – Infeliz –_____

Cosas por las que estar agradecido

Los momentos o recuerdos más felices de hoy

Logros, avances o lecciones de hoy

Personas por las que estoy agradecido(a)

La cita o la mejor lección de hoy

Metas para mañana

¿Por qué quiero lograrlo?

¿Cómo puedo lograrlo de la mejor manera?

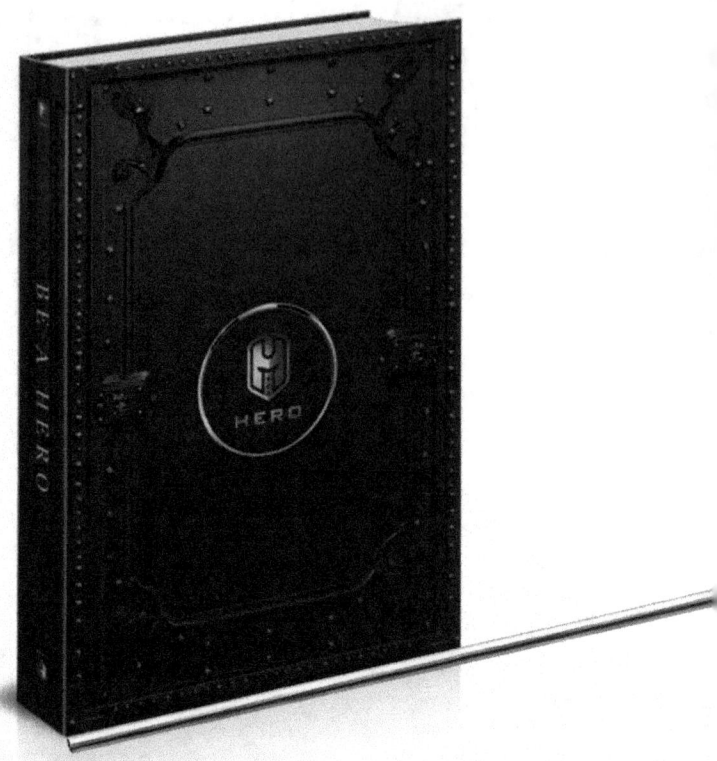

Tu Viaje Apenas Comienza.
Descifra el código.

www.ingramcontent.com/pod-product-compliance
Lightning Source LLC
Chambersburg PA
CBHW071212120626
46546CB00006B/2533